CLÁR

AN NÁDÚR

DEORAÍOCHT

ILCHINEÁLACH

RÉAMHRÁ

We have a wealth of poems and songs in Irish that should be precious to us. Their music, their beautiful rhythm and their unfettered simplicity give them a powerful authenticity. They were written in the everyday language of the common people, '*caint na ndaoine*', and were not the outpourings of a literary elite: in a sense they speak our language *in* our language, so it is easier to relate to the sentiments expressed, and the subject matter is the same as that which concerns us all in our everyday lives: love, regret, loneliness, life and death.

The poems are those of an oppressed people, defeated in military and political terms, dispossessed of their lands and denied any power to shape their own destiny. But nobody could strip them of their indomitable spirit, and even when they were forbidden by the Penal Laws to write about the plight of their own country, they devised a form of poetry called the *aisling* where a beautiful woman or *spéirbhean* becomes a powerful metaphor for Ireland, as in the well-known poems 'Róisín Dubh' and 'Cáit Ní Dhuibhir'.

The faith of the Irish people was also something precious to them, and consequently many of the best-known poems have a spiritual dimension. It is noticeable in these religious poems that the relationship between God and the poet was a real and personal one, as in 'Aithrí Raifteirí'. Many simple lyrics such as 'Ag Críost an Síol' and 'A Mhuire na nGrás' are really simple prayers in poetical form.

The love poems display an honesty of feeling rarely matched in other literatures, because of their simplicity and their directness. It is the pain of love that prevails in the majority of the *dánta grá*, whether it is the loss of a loved one in the powerful 'Caoineadh Airt Uí Laoire' or the pangs of unrequited love in poems such as 'Tá Mé 'Mo Shuí'.

Here in this little book you will find a poem or two that you learnt long ago, perhaps, when you were in school. They have all appeared in school-books and are the best known of our songs and poems in Irish. You should be proud of the fact that you know even a few lines of verse in a literature older than that of English or French. Maybe a few lines of poetry is the only Irish you can remember. This is not strange. The literature of the Roman empire lives on, though Latin is dead as a spoken language. Poetry dies doggedly, slowly, reluctantly, because poetry is the language of the spirit.

I feel sure the Irish spirit is strong enough in all of us to keep the language alive and to ensure that these old poems never die.

Tá súil agam go mbainfidh sibh taitneamh as an gcnuasach bheag seo, agus go músclóidh sí smaointí agus cuimhní a bhí ina gcodladh le fada an lá. Ar ndóigh, bhain mise antaitneamh as iad a chur le chéile, mar chuir siad i gcuimhne dom na cairde, na múinteoirí agus na seandaoine a bhíodh ina gcónaí fado 'sa ghleann 'nar tógadh mé'. Ba mhaith liom buíochas a ghabháil leis na múinteorí a mhúin na dánta dúinn agus le gach duine a bhailigh iad ón mbéaloideas agus a chabhraigh linn chun litríocht ár dtíre a chaomhnú.

Tomás Breathnach

MISE ÉIRE

An tAmhrán Náisiúnta

Curfá:
Sinne Fianna Fáil, atá faoi gheall ag Éireann,
Buíon dár slua thar toinn do ráinig chugain.
Faoi mhóid bheith saor, seantír ár sinsear feasta:
Ní fhághfar faoin tiorán ná faoin tráill:

Anocht a théam sa bhearna bhaoil,
Le gean ar Ghaeil chun báis nó saoil.
Le gunna-scréach, faoi lámhach na bpiléar,
Seo libh, canaíg' anhrán na BhFiann.

Mise Éire

Mise Éire - sine mé ná an Chailleach Béarra.
Mór mo Ghlóir - mé do rug Cú Chulainn cróga.
Mór mo náire - mo chlann féin do dhíol a máthair.
Mise Éire - uaigní mé ná an Chailleach Béarra.

Pádraig Mac Piarais (1879-1916)

Trí Tréithe na Féinne

Ceist ag Pádraig, grá na nGael,
Lá ar laoch an liathfhoilt,
Caoilte mac Rónáin na scéal,
Tráth in Éirinn iathghlais.

'Inis dúinn, a scéalaí bhinn,
Céard 'thug daoibhse an tiarnas,
Nó céard do choinnigh sibh gan mheath
An oiread mhair na Fianna?'

'Trí tréithe do dhaingnigh sinn,'
D'fhreagair Caoilte ciallmhar,
'Glaine ár gcroí 'gus neart ár ngéag,
Is beart de réir ár mbriathar.'

Osborn Ó hAimheirgin (1872-1950)

Labhair an Teanga Ghaeilge

Ó labhair an teanga Ghaeilge liom,
   A chuid mo chroí is a stór,
An teanga a labhair mo mháthair liom,
   In Éirinn ghlas fadó.
'Sí teanga bhinn ár sinsear í,
   An chaint is milse glór:
Ó labhair an teanga Ghaeilge liom,
   Is bain dem' chroí an brón.

Ó labhair an teanga Ghaeilge liom,
   'Sí teanga cheart na nGael:
An teanga bhinn is ársa 'tá
   Lé fáil ar fud an tsaoil.
A stór mo chroí is beannacht ort,
   A chailin óig gan cháim,
Cá bhfuil sa saol aon teanga mar
   Ár dteanga féin le fáil?

Ní fios cé a chum

Amhrán Dóchais

Slán go deo le brón is buairt,
Slán gan mhoill dár gcaoineadh dhuairc;
Canam laoithe dóchais
I dteanga bhinn na Fódla,
'Gus seasaimis go beomhar
Os comhair an tsaoil.

Ní bheam feasta leasc gan luail,
Cráite, cromtha, fannlag, fuar,
Neart is brí na hóige
Dár dtarrac tríd a' gcomhlann,
Is bainfimid an ceo seo
Do phór na dtréan.

Clanna Gael faoi réim gan ruaig!
Beidh siad saor is béarfaid bua.
Leanfaimid an lóchrann
Do las ár sinsir romhainn,
Is ní heagal linn go bhfeofaidh
A gcró 'nár ndiaidh.

Osborn Ó hAimheirgin (1872-1950)

Rosc Catha na Mumhan

D'aithníos féin gan bhréag ar fhuacht
'S ar anfa Théitis taobh le cuan,
Ar chanadh na n-éan go séiseach suairc,
Go gcasfadh mo Shaesar glé gan ghruaim.
Measaim gur subhach don Mhumhain an fhuaim.
'S dá maireann go dubhach de chrú na mbua,
Torann na dtonn le sleasaibh na long
Ag tarraingt go teann 'nár gceann ar cuairt.

Tá lasadh sa ghréin gach lae go neoin,
Ní taise don ré, ní theann fé neol:
Tá barra na gcraobh ag déanamh sceoil,
Nach fada bheidh Gaeil i ngéibheann bhróin.
Measaim gur subhach don Mhumhain an ceol,
'S dá maireann go dubhach de chrú na dtreon
Torann na dtonn le sleasaibh na long
Ag tarraingt go teann 'nár gceann fé sheol.

Piaras Mac Gearailt (1709-1788)

Róisín Dubh

A Róisín, ná bíodh brón ort fár éirigh dhuit -
Tá na bráithre ag teacht thar sáile is iad ag triall ar muir,
Tiocfaidh do phardún ón bPápa is ón Róimh anoir
Is ní spárálfar fíon Spáinneach ar mo Róisín Dubh.

Is fada an réim a lig mé léi ó inné go dtí inniu,
Trasna sléibhte go ndeachas léi 's fé sheolta ar muir;
An Éirne do chaith mé de leim é gidh mór é an sruth;
Is bhí ceol téad ar gach taobh díom is mo Róisín Dubh.

Mharaigh tú mé, a bhrídeog, is nár b'fhearrde dhuit,
Go bhfuil m'anam istigh i ngean ort, is ní inné ná inniu,
D'fhág tú lag anbhann mé i ngné 's i gcruth;
Ná feall orm is mé i ngean ort, a Róisín Dubh.

Shiúlfainn féin an drúcht leat is fásaigh ghoirt
Mar shúil go bhfaighinn rún uait nó páirt ded' thoil,
A chraoibhín chumhra, gheallais damh-sa go raibh grá agat
                                    dom,
'S gurb í fíorscoth na Mumhan í mo Róisín Dubh.

Beidh an Éirne 'na tuilte tréana is réabfar cnoic
Beidh an fharraige 'na tonnta dearga is doirtfear fuil,
Beidh gach gleann sléibhe ar fud Éireann is móinte ar crith
Lá éigin sula n-éagfaidh mo Róisín Dubh.

Ón mbéaloideas

Óró, 'Sé do Bheatha 'Bhaile!

Curfá:
Óró! 'sé do bheatha 'bhaile!
Óró! 'sé do bheatha 'bhaile!
Óró! 'sé do bheatha 'bhaile!
Anois ar theacht an tsamraidh.

'Sé do bheatha! a bhean ba léanmhar!
B'é ár gcreach tú bheith i ngéibheann,
Do dhúiche bhreá i seilbh méirleach
'S tú díolta leis na Gallaibh.
Curfá

Tá Gráinne Mhaol ag teacht thar sáile,
Óglaigh armtha léi mar gharda;
Gaeil iad féin 's ní Gaill ná Spainnigh,
'S cuirfid ruaig ar Ghallaibh.
Curfá

A bhuí le Rí na bhFeart go bhfeiceam,
Muna mbeam beo 'na dhiaidh ach seachtain,
Gráinne Mhaol agus míle gaiscíoch
Ag fógairt fáin ar Ghallaibh.
Curfá

Pádraig Mac Piarais (1879–1916)

Cath Chéim An Fhia

Cois abhann Ghleanna an Chéama,
        in Uíbh Laoire 's ea bhímse
Mar a dtéann an fia san oíche chun síorchodladh sóil;
Ag machnamh seal liom féinig, ag déanamh mo smaointe
ag éisteacht i gcoillte le binnghuth na n-eon;
    Nuair a chuala an cath ag teacht aniar,
    Is glór na n-each ag teacht le sians,
    Le fuaim an airm do chrith an sliabh,
    Is níor bhinn liom a nglór.
Thángadar go namhadmhar
              mar thiocfadh garda de chona nimhe,
Is mo chumhasa na sárfhir do fágadh gan treoir.
Níor fhan bean ná páiste i mbun áitribh an tí acu
Ach na gártha do bhí acu, agus mílte olagón,
Ag féachaint ar an ngarda, ag teacht láidir ina dtimpeall,
Ag lámhach is ag líonadh, is ag scaoileadh ina dtreo;
    An liú gur lean i bhfad i gcian,
    Is é dúirt gach flaith gur mhaith leis triall;
    'Gluaisigí mear, tá an cath dá riar
    Agus téimis ina chomhair.'
Thángadar na sárfhir i gcoim áthais le Clanna Gael
Is thiomáineadar na páintigh le fánaig ar seol.
Is gairid dúinn go dtáinig lámh láidir inár dtimpeall
Do sheol amach ár ndaoine, go fíormhoch fén gceo,
An Barrach ina bhumbháille, Barnet agus Beecher,
Hedges agus Faoitigh, is na mílte eile leo;

Rí na bhfeart go laga iad,

Gan chlú, gan mheas, gan rath, gan séan

I dtinte teasa i measc na bpian

Gan faoiseamh go deo!

Céad moladh mór le hÍosa, nár dhíolamar as an dtóir,

Ach bheith ag déanamh grinn de is á insint ar só.

Is, a Chlanna Gael na n-árann, ná stánaigí is ná stríocaigí,

Is gearr anois gan mhoill go mbeidh críoch ar bhur ngnó.

Tógaigí suas bhur gcráiste, tá an t-ál so le díbirt,

Go hIfreann dá dtíoradh, idir thinteacha teo;

Bíodh bhur bpící glana i gceart i ngléas,

Téigí don chath, ná fanaigí siar,

Tá an chabhair ag teacht le toil ó Dhia,

Agus léirigí na póirc;

Sáithigí isteach go dána, in áitreabh a dtáinig romhaibh

Is mithid díbh é fháil is tá an cairde maith go leor.

Máire Bhuí Ní Laoire (1774–1849)

Cáit Ní Dhuibhir

Tráthnóinín beag déanach 's mo thréad agam
        á chur ón síon,

I lúib na coille craobhaí 's nach aerach a bhí mo thriall;

Bhí an chuach, an lon 's an chéirseach
        ar séirse 's gach nóta fíor,

Is i mbun 's i mbarr gach véarsa
        go mbeidh Éire ag Cáit Ní Dhuibhir.

Is bean rómhór i bpéin mé
                    's mo chéile do chuaigh thar toinn;
Mo chlann go bhfuil i ndaorbhroid
                    go tréithlag 's gan preab ina gcroí.
Ach éireoidh Clanna Gael suas
                    agus léimfidh go mear gach claíomh,
Is gurb é tús is deireadh mo scéilse
                    go mbeidh Éire ag Cáit Ní Dhuibhir.

Ní fios cé a chum

Bás an Chroppy

Sínte ar thaobh an tsléibhe
Chonaic mé an Croppy bocht;
Bhí an drúcht go trom ar a éadan,
Bhí piléar trína ucht.

Bhí sé i bhfad óna chairde,
I bhfad óna theach 's a mhnaoi,
Agus é ina aonar fágtha
Ar an bhféar fuar fliuch ina luí.

Ins an mbotháinín sléibhe
Bhí bean ag gol 's ag caoi,
Ag caoineadh ar son a céile
Nach dtiocfadh ar ais a choích'.

'A mháthair, ná bí ag caoneadh,
Ná bí ag briseadh do chroí,
Ní fada go bhfillfidh Daidí,
Suigh síos agus lig do scíth.'

'Ní fhéadaim, a mhic, ní fhéadaim,
Tá cnapán mór i m'ucht,
B'fhéidir gur páiste gan athair
Tú féin, a mhic, anocht.'

'A mháthair, tá Dia cineálta,
Ní ligfidh sé dochar dó,
Ná habair, ná habair, a mháthair,
Ná habair nach bhfuil sé beo.'

Ach d'fhan sé san áit 'nar thit sé
Is piléar trína ucht,
Nach silfidh Éire aon deoirín
Ar son a saighdiúr' bhoicht?

Dúghlas de Híde (1860–1949)

An tSeanbhean Bhocht

'Tá na Francaigh 'teacht thar sáile,'
Ars' an tSeanbhean bhocht.
'Tá na Francaigh 'teacht thar sáile,'
Ars' an tSeanbhean bhocht;

'Táid ag teacht le soilse ré,
Beidh anseo le fáinne 'n lae,
'S beidh ár namhaid go cráite tréith,'
Ars' an tSeanbhean bhocht.

'Is cá mbeidh cruinniú na Féinne?'
Ars' an tSeanbhean bhocht.
'Is cá mbeidh cruinniú na Féinne?'
Ars' an tSeanbhean bhocht;
'Thíos ar bhánta leathan-réidh,
Cois Chill Dara ghrámhair shéimh,
Pící glana 's claimhte faobhair,'
Ars' an tSeanbhean bhocht.

'Is an bhfaighmid fós ár saoirse?'
Ars' an tSeanbhean bhocht.
'Is an bhfaighmid fós ár saoirse?'
Ars' an tSeanbhean bhocht;
'Beimid saor 'dir bhun is craobh,
Beimid saor 'dir bhun is craobh,
Saor go deo le cabhair na naomh!'
Ars' an tSeanbhean bhocht.

Micheál Ó Súilleabháin

An Seanfhear Dall

Tá fear bocht ar an mbóthar,
Agus é ag siúl go mall,
Tá maide ina lámh aige;
Sin é an seanfhear dall.

Tá leanaí ina fhochair
Á threorú 'nonn is anall
Is mór an grá atá acu
Dó féin, an seanfhear dall.

Ní raibh sé 'gconaí dorcha:
Bhí lúth aige 'ngach ball
An fear ba bhreáth' in Éirinn
B'é uair é, an seanfhear dall.

Cad d'imigh air, adeir tú?
Cé d'imigh air an feall?
'Gus cad 'na thaobh a bhfuil sé
Anois 'na sheanfhear dall?

Do chaill sé radharc a shúl
Ag troid in aghaidh na nGall,
Sin é an chúis a bhfuil sé
Anois 'na sheanfhear dall.

Féach air anois, a chara,
I measc na leanbh thall,
Go deimhin is mór a ngrá-san
Dó féin, an seanfhear dall.

Ní fios cé a chum

An Spailpín Fánach

Go deo deo arís ní raghad go Caiseal
ag díol ná ag reic mo shláinte,
ná ar mhargadh na saor im' shuí cois falla
im' scaoinse ar leataobh sráide;
bodairí na tíre ag tíocht ar a gcapaill
Á fhiafraí an bhfuilim híreáilte;
ó, téanam chun siúil, tá an cúrsa fada -
seo ar siúl an Spailpín Fánach.

Im' spailpín fánach fágadh mise
ag seasamh ar mo shláinte,
ag siúl an drúchta go moch ar maidin
's ag bailiú galair ráithe;
ach ní fheicfear corrán im' lámh chun bainte,
súist ná feac beag rámhainne,
ach *colours* na bhFrancach ós cionn mo leapan
agus píce agam chun sáite.

Mo chúig chéad slán chun dúthaí m'athar
is chun an Oileáin ghrámhair,
is chun buachaillí na Cúlach ós dóibh nár mhiste
in aimsir chasta an gharda ann;
ach anois ó táimse im' thráill bocht dealamh
i measc na ndúthaí fáin seo,
's é mo chumha ó chroí mar fuaireas mé an ghairm
bheith riamh im' Spailpín Fánach.

Dá dtigeadh an Francach anall thar caladh
's a champa daingean láidir,
is Buach Ó Gráda chughainn abhaile
is Tadhg bocht fial Ó Dálaigh,
bheadh beairic an rí ansan dá leagadh
agus *Yeomen* go leor á gcarnadh,
bheadh clanna Gall gach am á dtreascairt -
sin cabhair ag an Spailpín Fánach!

      *Ón mbéaloidea*s

Anseo i Lár an Ghleanna

Bhí an tAifreann léite is gach rud déanta,
Bhí pobal Dé ag scaipeadh
Nuair chualamar gleo ag teacht 'nár dtreo
Anseo i lár an ghleanna.

'Cén gleo é siúd ag teacht 'nár dtreo?'
'Sin torann cos na gcapall.'
'Seo chugainn saighdiúirí arm an rí
Anseo i lár an ghleanna.'

Do chas an seanfhear Brian Ó Laoi
Is shiúil i dtreo an tsagairt,
Is chuir sé cogar ina chluais
Anseo i lár an ghleanna.

'Ó a Athair Seán, Ó a Athair Séan,
Seo chugainn na cótaí dearga;
Ní féidir leatsa teitheadh anois
Anseo i lár an ghleanna.

'Tá tusa óg, a Athair Seán,
Táim féin i ndeireadh beatha;
Déan malairt éadaigh liom anois
Anseo i lár an ghleanna.'

Do deineadh malairt gan rómhoill
I gcoinne thoil an tsagairt,
Is shíl sé deora móra bróin
Anseo i lár an ghleanna.

Do ghabh na Sasanaigh Brian Ó Laoi,
Is d'imigh saor an sagart;
Do chroch siad Brian ar chrann caol ard
Anseo i lár an ghleanna.

Ach mairfidh cáil an tseanfhir áigh
Faid fhásfaidh féar ar thalamh;
Beidh a scéal á ríomh ag fearaibh Fáil,
Is anseo i lár an ghleanna.

Seán Mac Fheorais (1915-1984)

A Dhroimeann Donn Dílis

A dhroimeann donn dílis, a shíoda na mbó,
Cá ngabhann tú san oíche 's cá mbíonn tú sa ló?
Bímse ar na coillte 's mo bhuachaill im' chomhair,
'S d'fhág sé siúd mise ag sileadh na ndeor.

Níl fearann, níl tíos agam, níl fíonta ná ceol,
Níl flatha im choimhdeacht, níl saoithe ná sló;
Ach ag síor-ól an uisce go minic sa ló,
Agus beathuisce 's fíon ag mo naimhde ar bord.

Dá bhfaighinnse cead aighnis nó radharc ar an gcoróin,
Sasanaigh do leadhbfainn mar do leadhbfainn seanbhróg,
Trí bhogaigh, trí choillte 's trí dhraighneach lá ceo,
Is siúd mar a bhréagfainnse an droimeann donn Ó.

Ón mbéaloideas

AG CRÍOST AN SÍOL

Ag Críost an Síol

Ag Críost an síol, ag Críost an fómhar;
In iothlainn Dé go dtugtar sinn.

Ag Críost an mhuir, ag Críost an t-iasc;
I líontaibh Dé go gcastar sinn.

Ó fhás go haois, is ó aois go bás,
Do dhá lámh, a Chríost, anall tharainn.

Ó bhás go críoch, nach críoch ach athfhás,
I bParthas na nGrás go rabhaimid.

Micheál O Síocháin (ceaptar)

A Mhuire na nGrás

A Mhuire na nGrás,
A Mháthair Mhic Dé,
Go gcuire Tú
Ar mo leas mé.

Go sábhála Tú mé
Ar gach uile olc;
Go sábhála Tú mé
Idir anam is chorp.

Go sábhála Tú mé
Ar muir is ar tír;
Go sábhála Tú mé
Ar lic na bpian.

Garda na n-aingeal
Os mo chionn -
Dia romham
Agus Dia liom.

Ní fios cé a chum

Glóire Do Dhia

Gach oíche sa bhaile
Bímse ag guí,
Agus mé ar mo ghlúine,
Roimh dul i mo luí.

Ansin tugaim moladh
'Gus glóire do Dhia,
Mar is É do thug domsa
Teach, éadach is bia.

Do Dhia na ngrás
Tá mo chroí lán de ghrá;
Nuair a rachad ar Neamh
Molfad ann É go bráth.

Ní fios cé a chum

Lúireach Phádraig

Críost liom, Críost romham, Críost im' dhiaidh,
Críost os mo chionnsa, agus Críost fúm.
Críost ina chónaí i mo chróise,
Críost, fós, ó dheas díom, Críost ó thuaidh.

Críost ar fad is Críost ar leithead,
Críost anseo is Críost ansiúd,
Críost i gcroí gach uile dhuine,
'Bheas ag smaoineamh orm inniu.

Gach aon duine de na daoine
'Labhraíos liomsa - Críost 'na bhéal,
Críost i súil gach uile dhuine
'Dhearcas ormsa 'feadh an lae.

Críost i gcluasa gach aon duine
De na daoine a chloisfeas mé;
Éirim, creidim agus glaoim
Ar an Tríonóid, triúr 'na n-aon.

Ón Tiarna tig slánú,
Ón Tiarna tig slánú,
Go raibh do shlánú, a Thiarna,
'Nár measc go saol na saol.

Ón mbéaloideas

Comhairle don Duine Óg

A linbh atá i dtús do shaoil,
Mo theagasc go cruinn beir leat -
An té dá dtáinig a chiall le haois
Cuirse gach ní ina chead.

Ná santaigh ráite baois'
Ná an dream go mbíd acu;
Sula dtaga iomad de d'aois,
Bíodh aithne ar Chríost agat.

Ná caith do shaol díomhaoin,
Is ná lig an tslí thar ceal;
Óir an tslat nauir a chruann le haois,
Is deacair a shníomh ina gad.

I d'óige oscail do mheabhair
Is bailigh an fhoghlaim leat;
Óir an glór ná tuigeann an ceann,
Is cuma é ann nó as.

An glór ná fuintear le gaois
Is nach gaire don chroí ná don chab,
Níl sin ach ag imeacht le gaoth,
Mar imíonn ón ngadhar an sceamh.

Bailigh glaneolas go cruinn
Is coinnigh gach ní ina cheart -
An glór a bhogann an croí
Is é thaithníonn le Rí na bhFeart.

Ní fios cé a chum

Oíche Nollag

Le coinnle na n-aingeal tá an spéir amuigh breactha,
Tá fiacail an tseaca sa ghaoith ón gcnoc,
Adaigh an tine is téir chun na leapan,
Luífidh Mac Dé ins an tigh seo anocht.

Fágaidh an doras ar leathadh ina coinne,
An mhaighdean a thiocfaidh is a naí ar a hucht,
Deonaigh scíth an bhóthair a ligint, a Mhuire,
Luíodh Mac Dé ins an tigh seo anocht.

Bhí soilse ar lasadh i dtigh sin na haíochta,
Cóiriú gan caoile, bia agus deoch,
Do cheannaithe olla, do cheannaithe síoda,
Ach luífidh Mac Dé ins an tigh seo anocht.

Máire Mhac an tSaoi (1922-)

A Aon-Mhic Dé Chuaigh d'Éag

A Aon-mhic Dé chuaigh d'éag i mbarr an Chrainn,
Is croí do chléibh dá réabadh ag lámh an Daill;
Fuil do chréacht ag téacht go talamh mar linn,
Ar scáth do scéithe beir féin go Parthas sinn.

A Íosa, a Rí dhil, a Athair is a Uain,
Thug fíorfhuil Do chroí dhil dár gceannach go crua;
Bí am dhíonsa, bí am choimhdeacht, bí i m'aice gach uair,
Más luí dhom, más suí dhom, más seasamh, más suan.

Ísligh mo dhíoltas, m'fhearg is m'fhuath,
Is díbir na smaointe seo mallaithe uaim;
Lig braon beag ód' Naomh-spiorad beannaithe anuas
A scaoilfidh mo chroíse atá 'na charraig le cruas.

Ón mbéaloideas

Aithrí Raifteirí

A Rí atá ar Neamh 's a chruthaigh Ádhamh,
'S a chuireas cás i bpeaca an úill,
Ó! screadaim Ort anois os ard,
Ós le Do ghrása 'tá mé ag súil.

Tá mé in aois is do chríon mo bhláth,
Is iomaí lá mé ag dul amú;
Do thit mé i bpeaca anois naoi dtráth,
Ach tá na grása ar lámh an Uain.

Nuair bhí mé óg b'olc iad mo thréithe,
Ba mhór mo spéis i scléip 's in achrann;
B'fhearr liom go mór ag imirt 's ag ól
Ar maidin Dómhnaigh ná triall chun Aifrinn.

Peaca an úill, mo chrá 's mo léan!
'S é mhill an saol mar gheall ar bheirt;
'S ós coir an craos, tá mise síos
Muna bhfóire Íosa ar m'anam bocht.

Is orm, faraor! 'tá na coireacha móra,
Ach diúltód dóibh má mhairim tamall;
Gach ní buail anuas ar mo cholainn fós,
A Rí na Glóire, 'gus tarrthaigh m'anam.

D'éalaigh an lá is níor thóg mé an fál
Nó gur hitheadh an barr inar chuir Tú dúil;
Ach a Ardrí an Chirt, anois réidh mo chás,
Is le sruth na ngrása fliuch mo shúil.

Is le do ghrása do ghlan Tú Máire,
Is shaor Tú Dáibhí rinne an aithrí;
Thug Tú Maoise slán on mbáthadh,
'S tá cruthú láidir gur shaor Tú an gadaí.

Mar is peacach mé nach ndearna stór,
Ná sólás mór do Dhia ná Muire;
Ach, fáth mo bhróin! tá mo choireacha romham,
Mar lig mé an scór ar an méar is faide.

A Rí na Glóire atá lán de ghrása,
Is Tú rinne beoir is fíon den uisce;
Le beagán aráin do riar Tú an sló;
Och! freastail, fóir agus slánaigh mise.

Ó! a Íosa Críost, d'fhulaing an Pháis,
Is do hadhlacadh, mar do bhí Tú umhal,
Cuirim coimrí m'anama ar Do scáth,
'S ar uair mo bháis ná tabhair dom cúl.

A Bhanríon Pharthais, máthair is maighdean,
Scáthán na ngrása, aingeal is naomh,
Cuirim cosaint m'anama ar do lámh;
A Mhuire, ná diúltaigh mé, is beidh mé saor.

Anois tá mé in aois 's ar bhruach an bháis,
'S is gearr an spás go dté mé in úir;
Ach is fearr go deireanach ná go brách,
Is fógraím páirt ar Rí na nDúl.

Is cuaille gan mhaith mé i gcoirnéal fáil,
Nó is cosúil le bád mé a chaill a stiúir
Do brisfí isteach ar bhruach na trá
Is do bheadh dá bádh ins na tonnta fuar'.

A Íosa Críost a fuair bás Dé hAoine,
'S a d'éirigh arís i do Rí gan locht,
Nach Tú thug an tslí le haithrí a dhéanamh,
'S nach beag an smaoineamh do rinneas ort.

Tharla ar dtús míle is ocht gcéad,
An fiche go beacht i gceann an dó dheag,
Ón am a thuirling Críost do réab na geataí
Go dtí an bhliain a ndearna Raifteirí an aithrí.

Antaine O Reachtaire (c.1784–c.1835)

Caoin Tú Féin, a Dhuine Bhoicht

Caoin tú féin, a dhuine bhoicht;
Do chaoineadh cháich coisc do shúil;
Ná caoin iníon, ná caoin mac
Dár cuireadh fá bhrat in úir.

Caoin ar dtús do pheaca féin
Re ndul san gcré dod' chorp;
Caoin, ós éigean duit a híoc,
An Pháis fuair Críost ar do shon.

Caoin ar fhulaing ar do scáth
Críost do cheannaigh cách i gcrann;
Caoin A dhá lámh 's A dhá chos
Is a chroí do scoilt an dall.

Rachaidh cách uile, fá seach;
Ná caoin neach dá rachaidh uait;
Seach ar leagadh riamh i gcré
Doilí dhuit tú féin, a thruaigh.

Ar chruthaigh lámh dheas an tSaoir,
Idir mhaca, mhnaoi is fhir,
Ní fhuil againn trua ná tréan
Nach rachaidh uainn d'éag mar sin.

Da bhfeictheá a ndeachaigh uait,
Mar a atáid na sluaigh seo fúinn,
Tar a ndeachaigh riamh i gcré
Do chaoinfeá tú féin ar dtús.

Ar Shliabh Sióin, Lá na Slua,
Ba duibhe ná gual do ghné,
Anois gidh álainn do chruth,
Muna gcaoinir abhus tú fein.

Teachtaire Dé, ós é an bás,
Dá raibh ortsa 'na chás chruaidh
Doghéanadh tú d'aimhleas féin
Is aimhleas an té do chuaigh.

Trua sin, a bhochtáin gan chéill;
Da dtuigfeá thú féin mar taoi
Do ligfeá do chaoineadh cháich
'S do bheithfeá go brách ag caoi.

Ó lámhscríbhinní

Dóchas Linn Naomh Pádraig

Dóchas linn Naomh Pádraig
Aspal mór na hÉireann,
Ainm oirirc gléigeal,
Solas mór an tsaoil é.
Sé a chloígh na draoithe,
Croíthe dúra, gan aon mhaith,
D'ísligh dream an díomais
Trí neart Dé ar dtréanfhlaith.

Sléibhte, gleannta, mánna,
'S bailte móra na hÉireann,
Ghlan sé iad go deo dúinn
Míle glóir dár Naomh dhil.
Iarraimid ort, a Phádraig,
Guí orainne, Gaela
Dia linn lá is oíche,
'S Pádraig, Aspal Éireann.

Ní fios cé a chum

<hr>

DÁNTA DON AOS ÓG

<hr>

Seoithín, Seothó

Seoithín, seothó, mo stór é mo leanbh
Mo sheod gan chealg, mo chuid den saol mór,
Seoithín, seothó, nach mór é an taitneamh,
Mo stóirín ina leaba 'na chodladh gan brón!
A leanbh mo chléibh, go n-éirí do chodladh leat,
Séan agus sonas a choíche id' chóir!
Seo beannacht Mhic Dé agus téagar a bhuime leat,
Téirigh a chodladh gan bíogadh go ló.

Ar mhullach an tí tá síóga geala
Fé chaoinré an earraigh ag imirt a spóirt,
Seo iad aniar chun glaoch ar mo leanbh
Le mian é tharraing isteach sa lios mór.
Goirm thú, a chroí! ni bhfaighidh siad do mhealladh
Le brí a gcleas, ná le binneas a gceoil,
Tá mise led' thaobh ag guí ort na mbeannacht,
Seoithín, a linbh, ní imeoidh tú leo.

Ós comhair mo lao go míochair ceanúil
Tá dílroisc aingeal ag faire ina threo
Le mórghrá dian á iarraidh chun bealaigh
Mar b'aoibhne flaithis dá dtéadh sé leo -
A stór mo chroí, luigh siar in do leaba!
Le taobh do mhaimí is ea fanfair go fóill,
Ní mór liom do Dhia mo shiamsa is m'aiteas,
Mo ríocht ar talamh i dteannta mo bhróid.

Tomás Ó Ceallaigh (1879–1924)

Cúl an Tí

Tá Tír na nÓg ar chúl an tí,
Tír álainn trína chéile,
Lucht ceithre chos ag siúl na slí
Gan bróga orthu ná léine,
Gan Béarla acu ná Gaeilge.

Ach fásann clóca ar gach droim
Sa tír seo trína chéile,
Is labhartar teanga ar chúl an tí
Nár thuig aon fhear ach Aesop,
Is tá sé siúd sa chré anois.

Tá cearca ann is ál sicín,
Is lacha righin mhothaolach,
Is gadhar mór dubh mar namhaid sa tír
Ag drannadh le gach éinne,
Is cat ag crú na gréine.

Sa chúinne thiar tá banc dramhaíl'
Is iontaisí an tsaoil ann,
Coinnleoir, búclaí, seanhata tuí,
Is trúmpa balbh néata,
Is citeal bán mar ghé ann.

Is ann a thagann tincéirí
Go naofa, trína chéile,
Tá gaol acu le cúl an tí
Is bíd ag iarraidh déirce
Ar chúl gach tí in Éirinn.

Ba mhaith liom bheith ar chúl an tí
Sa doircheacht go déanach,
Go bhfeicfinn ann ar chuairt gealaí
An t-ollaimhín sin Aesop
Is é ina phúca léannta.

Seán Ó Ríordáin (1917-1977)

An Damhan Alla agus an Mhíoltóg

'Sé dúirt damhán alla le míoltóigín lá:
'Ó! tar liom abhaile, a chreatúirín bhreá:
Tá grian gheal an tsamhraidh ag damhsa ar mo theach,
Tá ithe 'gus ól ann - nach dtiocfá isteach?'

Dúirt an créatúr mícheillí ag féachaint isteach:
'Is tú croí na féile, is breá é do theach:
Ach deirtear go mbíonn tú ag ithe 's ag ól
Míoltóigíní mar mise, idir fhuil agus fheoil.'

Dúirt an damhán alla - is é a bhi glic,
'Is bréag mhór, dar m'anam, an scéal sin, a mhic:
Tá caoireoil, tá mairteoil, tá bainne anseo,
Is an té a bheadh marbh dhéanfaidís beo.'

Bhí an créatúirín meallta le comhrá mar sin,
Dúirt sé, 'Tá mé sásta, mar tá tú chomh binn;
Ach ní fhanfaidh mé fada.' Chuaigh sé isteach,
Ach níor chuala mé fós gur tháinig amach.

Dúghlas De Híde (1860–1949)

An Sionnach agus an Préachán

Leis an bpréachán bhí an t-ádh,
Fuair sé píosa cáise tráth,
Is d'eitil sé in airde ar chrann,
Chun béile breá a chaitheamh ann.

Bhí sionnach ag lorg bídh dó féin -
Sionnach glic, sionnach séimh;
Níor ith sé dada feadh dhá lá,
Is bhí an t-ocras mór dá chrá.

Tháinig sé go dtí an crann;
Chonaic sé an préachán ann
Is an cháis bhlasta ina bhéal,
Agus thuig sé conas mar bhí an scéal.

Do bheannaigh sé don éan dubh
'Gus dúirt: 'Nach breá atá sé inniu!
Go deimhin is tusa atá go deas
Is an ghrian ag taitneamh ort le teas.'

'Ná fan id' thost, a ghrá 's a stór,
Mar deirtear liom gur binn do ghlór;
B'fhearr liom ná ór, a shárphréacháin,
Tú chlos anois ag rá amhráin.'

Do thaitin an moladh leis an éan;
Bhi sé mórálach maíoch as féin;
D'oscail a bhéal chun amhrán a rá,
Is do thit an cháis uaidh ar lár.

'Go raibh maith agat, a amadáin,'
Ars' an sionnach leis an bpréachán,
'Ní raibh sa mhéid adúrt ach bob
Chun an cháis a mhealladh ó do ghob.'

Ní fios cé a chum

Beidh Aonach Amárach

Beidh aonach amárach i gContae an Chláir,
Beidh aonach amárach i gContae an Chláir,
Beidh aonach amárach i gContae an Chláir,
Cén mhaith dom é! ní bheidh mé ann.

A mháithrín, an ligfidh tú chun aonaigh mé?
A mháithrín, an ligfidh tú chun aonaigh mé?
A mháithrín, an ligfidh tú chun aonaigh mé?
A mhuirnín ó, ná héiligh é.

Níl tú a deich ná a haon déag fós,
Níl tú a deich ná a haon déag fós,
Níl tú a deich ná a haon déag fós,
Nuair a bheidh tú a trí déag beidh tú mór.

B'fhearr liom féin mo ghréasaí bróg,
B'fhearr liom féin mo ghréasaí bróg,
B'fhearr liom féin mo ghréasaí bróg,
Ná oifigeach airm faoi lásaí óir.

Ní fios cé a chum

Tháinig Long ó Valparaiso

Tháinig long ó Valparaiso,
Scaoileadh téad a seol sa chuan;
Chuir a hainm dom i gcuimhne
Ríocht na gréine, tír na mbua.

'Gluais,' ar sí, 'ar thuras fada
Liom ó scamall is ó cheo;
Tá fé shleasaibh gorm-Andes
Cathair scáfar, glé mar sheod.'

Ach bhíos óg is ní imeoinnse,
Am an dóchais, tús mo shaoil;
Chreideas fós go raibh i ndán dom
Iontaisí na ndán 's na scéal.

Ghluais an long thar linntibh mara
Fad' ó shin 's a crann mar ór,
Scríobh a scéal ar phár na hoíche,
Ard i rian na réiltean mór.

Fillfidh sí arís chugam, áfach;
Chífead cathair bhán fén sléibh
Le hais Mara na Síochána -
Creidim fós beagnach, a Dhé.

Pádraig de Brún (1889-1960)

Déirín Dé

Déirín dé, déirín dé!
Tá 'n gabhar donn ag labhairt san bhfraoch;
Déirín dé, déirín dé!
Táid na lachain ag screadaigh san bhféith.
Déirín dé, déirín dé!
Gheobhaidh ba siar le héirí 'n lae.
Déirín dé, déirín dé!
Is rachaidh mo leanbh dá bhfeighilt ar féar.

Déirín dé, déirín dé,
Éireoidh gealach is rachaidh grian fé;
Déirín dé, déirín dé,
Is tusa mo leanbh is mo chuid den saol.
Déirín dé, déirín dé!
Ligfead mo leanbh ag piocadh sméar;
Déirín dé, déirín dé!
Ach codladh go sámh go fáinne 'n lae.

Ní fios cé a chum

Amhrán Na Gaoithe

Bím ag rith
Siar is soir,
Ar tír is ar muir,
Gan traochadh.

Bíonnn mo ghuth
Go hard amuigh
San oíche dhubh
'S gach aon bhall.

Beirim liom
An bád is an long
Thar muir anonn
Go héasca.

Bímse riamh
Ar an sliabh
Amuigh go dian
Ag séideadh.

Pádraig Ó Duinnín (1860-1934)

Trí Muicíní Beaga

Trí muicíní beaga,
Ag grothaí ins an gcró;
Nuair a bheidh siad ramhar beathaithe
Ní fada bheidh siad beo.

Na húlla atá sa ghairdín
In airde ar an gcrann;
Nuair a bheidh siad dearg aibí,
Is gearr a bheidh siad ann.

Bláthanna deasa bána,
Go fairsing ar an mbán;
Nuair a thiocfaidh gaoth an gheimhridh
Beidh feoite go hiomlán.

Mar sin le gach ní saolta -
Ní bhíonn siad ann ach tráth;
Dá fhad é an ré a bhíonn acu
Ní mhaireann siad go bráth.

Ní fios cé a chum

Táim Breoite go Leor

Cá raibh tú 'feadh 'n lae uaim, a bhuachaillín ó?
Cá raibh tú 'feadh 'n lae uaim, a lao ghil 's a stór?
Ag fiach 's ag foghlaeireacht, a mháithrín ó,
Agus cóirigh mo leaba, táim breoite go leor.

Cad a fuair tú led' dhinnéar, a bhuachaillín ó?
Cad a fuair tú led' dhinnéar, a lao ghil 's a stór?
Fuaireas cearc a raibh nimh inti ar phláitíní óir,
Agus cóirigh mo leaba, táim breoite go leor.

Cad fhágfar ag d'athair, a bhuachaillín ó?
Cad fhágfar ag d'athair, a lao ghil 's a stór?
Fágfad cóiste cheithre chapall, a mháithrín ó,
Agus cóirigh mo leaba, táim breoite go leor.

Cár mhaith leat bheith curtha, a bhuachaillín ó?
Cár mhaith leat bheith curtha, a lao ghil 's a stór?
I dteampall Chill Mhuire, a mháithrín ó,
Agus cóirigh mo leaba, táim breoite go leor.

Ón mbéaloideas

Tuirne Mháire

'Sé tuirne Mháire 'n tuirne sásta,
Shiúil sé roinnt mhaith d'Éirinn.
Níl cnoc ná gleann dá ndeachaigh sé ann
Nár fhág sé cuid dá thréithe.
Do chaith trí lá in Umhaill Uí Mháill'
Ar lúb san ngleanntán sléibhe;
An síoga mná bhí 'r thaobh Chnoc Meá
Do shníomh leis ábhar léine.

Fail lil leá, fail lil leá,
Fail lil leá fail léirí,
Fail lil leá, fail lil leá,
Fail liú, fail leá, fail léirí.

A Mháire chiúin, tá 'n Nollag ar tús,
Anois le cúnamh 'n Árdrí,
Is cuir do thuirn' i bhfoirm 's i dtiúin,
Is trí chos iúir ón Spáinn faoi,
Mol as Londain, ceap as Luimneach
Is coigeal as Laighn' Uí Eára,
Sreang den tsíod' is fearr sa tír,
Is beidh do thuirne sásta.

Fail lil leá . . .

Ní fios cé a chum

MO GHRÁ GO DAINGEAN THÚ!

Caoineadh Airt Uí Laoire

Mo ghrá go daingean thú!
Lá dá bhfaca thú
Ag ceann tí an mhargaidh;
Thug mo shúil aire duit,
Thug mo chroí taitneamh duit,
D'éalaíos ó m'athair leat
I bhfad ó bhaile leat.

Is cuimhin le m'aigne
An lá breá earraigh úd,
Gur bhreá thigeadh hata duit,
Is banda óir tarraingthe air,
Claíomh cinn airgid -
Lámh dheas chalma -
Rompsáil bhagarthach -
Fíor-chritheagla
Ar namhaid chealgach -
Tú i gcomhair chun falaracht',
Is each caol ceannann fút.
D'umlaídís Sasanaigh
Síos go talamh duit,
'S ní mar mhaithe leat
Ach le haon-chorp eagla,
Cé gur leo a cailleadh thú,
A mhuirnín mh'anama.

Mo chara thú go daingean!
Is nuair thiocfaid chugham abhaile
Conchúr beag an cheana
Is Fear Ó Laoire, an leanbh -
Fiafróid díom go tapa
Cár fhágas féin a n-athair.
'Neosad dóibh faoi mhairg
Gur fhágas i gCill na Martra.
Glaofaid ar a n-athair
'S ní bheidh sé acu le freagairt.

Mo chara thú go daingean!
Níor chreideas riamh dod' mharbh
Gur tháinig chugham do chapall
'S a srianta léi go talamh,
Is fuil do chroí ar a leaca
Siar go diallait ghreanta
Ina mbítheá id' shuí 's id' sheasamh.
Thugas léim go tapaidh,
An chéad léim ar an gcnaiste,
An dara léim ar an dtairseach,
An tríú léim ar do chapall.

Do bhuaileas go luath mo bhasa
'S do bhaineas as na reatha
Chomh maith agus bhí sé agam,
Go bhfuaireas romham thú marbh
Cois toirín ísil aitinn,
Gan Pápa is gan easpag,
Gan cléireach is gan sagart

A léifeadh ort an tsailm
Ach seanbhean chríonna chaite
A leath ort beann dá fallaing -
Do chuid fola leat 'na sraithe.

Mo ghrá thú 'gus mo thaitneamh!
Nuair ghabhais amach an geata
D'fhillis thar n-ais go tapa,
Do phógais do dhís leanbh,
Do phógais mise ar bharra baise;
Dúrais, 'A Eibhlín! éirigh id sheasamh
Go luaimneach is go tapa
Agus cuir do ghnó chun taisce;
Táimse ag fágáil an bhaile
'S ní móide go deo go gcasfainn.'
Níor dheineas ded' chaint ach magadh -
Bhítheá ghá rá liom go minic cheana.

Eibhlín Dhubh Ní Chonaill

Jimmy Mo Mhíle Stór

Bliain an taca so d'imigh uaim rún mo chléibh,
Ní thiocfaidh sé abhaile go dtabharfaidh sé
                              cúrsa an tsaoil.
Nuair a chífead é, rithfead le fuinneamh
                              ró-ard ina chomhair,
Is clúideod le mil é, is é Jimmy mo mhíle stór.

Bíonn mo mháthair is m'athair ag bearradh
                is ag bruíon liom féin.
Táim giobaithe, piocaithe, ciapaithe, cráite dem' shaol,
Thugas taitneamh don duine úd dob fhinne
                is dob áille snua,
Is chuaigh sé ar bord loinge, is é Jimmy mo mhíle stór.

Rachadsa chun coille agus caithfead ann
                an chuid eile dem shaol
San áit ná beidh éinne, ag éisteacht le ceol na n-éan,
Ag bun an chrainn chaorthainn mar a bhfásann
                an féar go leor,
Ag tabhairt taitneamh don duine úd, is é Jimmy
                mo mhíle stór.

Ón mbéaloideas

Fáinne Geal an Lae

Ar maidin mhoch dá ghabhas amach
Ar bhruach Locha Léin
An samhradh 'g teacht san chraobh lem' ais,
Agus lonradh te ón ngréin;
Ar taisteal dom tré bhailte poirt
Agus bánta míne réidh
Cé gheobhainn lem' ais ach cúileann dheas,
Le fáinne geal an lae.

Ní raibh bróg ná stoca, cadhp ná clóc',
Ar mo stóirín óg ón spéir;
Ach folt fionn órga síos go troigh
Ag fás go barr an fhéir;
Bhí calán crúite aici ina glaic,
Is ar dhrúcht ba dheas a scéimh,
Do thug barr gean ó Venus deas,
Le fáinne geal an lae.

Do shuigh an bhrídeach síos lem' ais,
Ar bhinse glas den fhéar;
Ag magadh léi bhíos dá maíomh go pras,
Mar mhnaoi ná scarann léi.
Is é dúirt sí liomsa, 'Imigh uaim,
Is scaoil mé ar siúl go réidh,
Sin iad aneas na soilse ag teacht,
Le fáinne geal an lae.'

Ní fios cé a chum

Nach Aoibhin do na hÉiníní

Nach aoibhinn do na héiníní éiríos go hard,
'S bhíos ag ceiliúr lena chéile ar aon-chraobh amháin!
Ní mar sin dom féinig 's dom chéad míle grá:
Is fada óna chéile orainn éiríos gach lá.

Is báine í ná an lile, is deise í ná an scéimh,
Is binne í ná an veidhlín, 's is soilse í ná an ghréin;
Is fearr ná sin uile a huaisleacht 's a méin;
Is a Dhia atá ins na Flaithis, fuascail dom féin!

Ní fios cé a chum

Buachaill ón Éirne

Buachaill ón Éirne mé 's bhréagfainn féin cailín deas óg;
Ní iarrfainn bó spré léi: tá mé féin saibhir go leor,
'S liom Corcaigh 'á mheid é, dhá thaobh
               a' ghleanna 's Tír Eoghain;
'S mura n-athraí mé béasaí 's mé 'n t-oidhr'
               ar Chontae Mhaigh Eo.

Rachaidh mé 'márach a dhéanamh leanna fán choill
Gan coite gan bád gan gráinnín brach' ar bith liom
Ach duilliúr na gcraobh mar éideach leapa os mo chionn
'S óró sheacht mh'anam déag thú
               's tú féachaint orm anall.

Buachailleacht bó, mo leo, nár chleacht mise ariamh
Ach ag imirt 's ag ól 's le hógmhná deasa fá shliabh
Má chaill mé mo stór ní dóigh liom
               gur chaill mé mo chiall,
Is ní mó liom do phóg ná 'n bhróg
               atá 'r caitheamh le bliain.

A chuisle 's a stór, ná pós an seanduine liath
Ach pós an fear óg, mo leo, mura maire sé ach bliain
Nó beidh tú go fóill gan ua nó mac os do chionn
A shilfeadh aon deor tráthnóna nó 'r maidin go trom.

Ní fios cé a chum

Bheir Mí Ó

Curfá:
Bheir mí óró, bhean ó
Bheir mí óró, ó bhean í,
Bheir mí óró ó hó
Tá mé brónach 's tú im' dhíth.

'S iomaí oíche fliuch is fuar
Thug mé cuairt is mé liom fein
Nó go ráinig mé san áit
Mar a raibh grá geal mo chléibh.

I mo chláirseach ní raibh ceol
I mo mheoraibh ní raibh brí
Nó gur luaigh tú do rún
'S fuair mé eolas ar mo dhán.

Ní fios cé a chum

Tá Mé 'Mo Shuí

Tá mé 'mo shuí ó d'éirigh an ghealach aréir,
'Cur tine síos gan scíth 's á fadú go géar;
Tá bunadh an tí 'na luí is tá mise liom féin;
Tá na coiligh ag glaoch 's tá an tír 'na gcodladh ach mé.

A sheacht n-anam déag do bhéal, do mhala 's do ghrua,
Do shúil ghorm ghlé fár thréig mé aiteas is suairc';
Le cumha i do dhéidh ní léir dom an bealach a shiúl,
'S a chara mo chléibh, tá na sléibhte idir mé agus tú.

Deirid lucht léinn gur cloíte an galar an grá;
Char admhaigh mé é go raibh sé i ndiaidh mo chroí 'stigh
                    a chrá;
Aicíd ró-ghéar - faraor nár sheachnaigh mé í!
'S go gcuireann sí arraing is céad go géar trí cheartlár
                    mo chroí.

Casadh bean sí dom thíos ag lag Bhéal an Áth',
'S d'fhiafraigh mé di an scaoilfeadh glas ar bith grá;
Dúirt sí os íseal i mbriathra soineanta sámh' -
Nuair a théann sé fán chroí cha scaoiltear as é go brách.

Ón mbéaloideas

Úrchnoc Chéin Mhic Cáinte

A shuaircbhean tséimh na gcuachan péarlach,
Gluais liom féin ar ball beag,
Nuair bheas uaisle 's cléir is tuataí i néal,
Ina suan faoi éadaí bána;
Ó thuaidh go mbéam i bhfad uathu araon
Teacht nua-chruth gréine amárach,
Gan duais linn féin in uaigneas aerach
San uaimh sin Chéin Mhic Cáinte.

A rún mo chléibh, nach mar siúd ab fhearr dhuit
Tús do shaoil a chaitheamh liom!
'S gan bheith i gclúid faoi léan ag búr gan chéill,
I gcionn tuirne 's péire cárdaí;
Gheobhair ceol na dtéad le lúth na méar
Do do dhúscadh is véarsaí grá,
'S níl dún faoin ghréin chomh súgach aerach
Le hÚrchnoc Chéin Mhic Cáinte.

A phlúr na maighdean is úire gné,
Fuair clú le scéimh on Ádhamchlann,
A chúl na bpéarla, a rún na héigse,
A dhúblas féile 's fáilte;
A ghnúis mar ghréin le dúscadh an lae
A mhúchfadh léan le gáire,
'Sé mo chumha gan mé is tú, a shiúr, linn féin,
Sa dún sin Chéin Mhic Cáinte.

Táim brúite i bpéin gan suan gan néal,
Do do chumha-sa, a ghéag is áille!
'S gur tú mo rogha i gcúigí Éireann -
A' chúis nach séanaim ás de:
Dá siúlfá, a réalt' gan smúid, liom féin,
Ba súgach saor ár sláinte,
Gheofá plúr is méad is cnuasach craobh
Sa dún sin Chéin Mhic Cáinte.

Cluinfear uaill na ngadhar le luas i ndéidh
Bhriain luaimnigh Bhéarnaigh i bhfásach,
Fuaim guth béilbhinn cuach is smólach
Go suairc ar ghéaga in alltaibh;
I bhfuair-linn tséimh tífir sluabhuíon éisc
Ag ruagadh a chéile sa tsnámh ann,
'S a' cuan gur léir dhuit uait i gcéin
Ó nua-Chnoc Chéin Mhic Cáinte.

Peadar Ó Doirnín (1704-1768)

CORA CRUA AN tSAOIL

An Gleann 'Nar Tógadh Mé

Ó ait go háit ba bhreá mo shiúl
'S dob ard mo léim ar bharr an tsléibh',
San uisce fíor ba mhór mo dhúil,
'S ba bheo mo chroí i lár mo chléibh;
Mar chos an ghiorria do bhí mo chos,
Mar iarann gach alt is féith,
Bhí an sonas romham, thall 's abhus,
Sa ghleann 'nar tógadh mé.

Ba chuma liomsa fear ar bith,
Ba chuma liom an domhan iomlán,
Mar rith an fhia do bhí mo rith,
Mar shruth an tsléibh' ag dul le fán;
Is ní raibh rud ar bith sa domhan
Nach ndéanfainn (dá mba mhaith liom é);
Do léim mo bhád ar bharr na habhann
Sa ghleann 'nar tógadh mé.

Gach ní dá bhfacas le mo shúil
Bhí sé, dar liom, ar dhath an óir;
Is annamh a dhearcainn ar mo chúl
Ach ag dul ar aghaidh le misneach mór;
Do leanainnse gan stad gan scíth
Mo rún, nuair chuirinn romham é;
Do bhéarfainn, dar liom, ar an ngaoth
Sa ghleann 'nar tógadh mé.

Ní hamhlaidh tá sé liom anois!
Do bhí mé luath, 'nois tá mé mall;
Is é mo léan, an aois do bhris
Sean-neart mo chroí is lúth mo bhall;
Do chaill mé mórán 's fuair mé fios
Ar mhórán - och! ní sású é -
Mo léan! mo léan! gan mé aris óg
Sa ghleann 'nar tógadh mé

Dúghlás de Híde (1860-1949)

Machnamh an Duine Dhoilíosaigh

Oíche dhom go doiligh, dubhach
cois farraige na dtonn dtréan
ag léir-smaoineamh is ag lua
ar chora crua an tsaoil.

Bhí an ré is na réaltaí suas,
níor chlos fuaim toinne ná trá,
is ní raibh gal ann den ghaoth
do chroithfeadh barr crainn ná bláth.

Do ghluaiseas ag machnamh maon
gan aire ar raon mo shiúil,
doras cille gur dhearc mé
san gconair réidh ar mo chionn.
Do stad mé sa doras sean

'nar ghnách almsana is aíocht
dá ndáil don lobhar is don lag
an tráth do mhair lucht an tí.

Bhí foradh fiar ar a thaobh -
is cian ó cuireadh a chló -
ar a suíodh saoithe 's cliar
is taistealaigh thriallta an róid.

Shuigh mé síos le machnamh lán
do ligeas mo lámh fám' ghrua
gur thit frasa diana déar
óm' dhearca ar an bhféar anuas.

Adúirt mé ansin fá dhíth
agus mé ag caoi go cumhach -
do bhí aimsear ann a raibh
an teach seo go soilbh subhach.

Is ann do bhíodh clog is cliar
dréachta 's diacht dá léamh,
córaí, ceadal agus ceol
ag moladh mórgacht Dé.

Fothrach folamh gan aird -
áras seo is aosta túr -
is iomái eascal is gaoth
do bhuail fá mhaol do mhúr.

Is iomaí fearthainn is fuacht
is stoirm chuain do chuiris díot
ó tíolaiceadh thú ar dtús
do Rí na nDúl mar thíos.

A mhúir naofa na mbeann glas
Dob ornáid don tír seo tráth
is díomá dian liom do scrios
agus cur do naomh ar fán.

Is uaigneach ataoi anois,
níl ionat córaí ná ceol
ach scréachach ghéar na gceanncait
in ionad na salm sóil!

Eidhean ag eascar os do stua
neantóg rua id' urlár úr,
tafann caol na seannach seang
is crónán na n-eas id' chlúid.

Mar a nglaodh an fhuiseog mhoch
do chléir ag canadh a dtráth
níl teanga ag corraí anois
ach teangtha gliogair na gcág.

Atá do phroinnteach gan bia,
do shuanlios gan leaba bhláith,
do thearmainn gan íobairt chliar
ná Aifreann do Dhia dá rá.

D'imigh do luamh is do riail,
is do chuallacht fá chian-chrá;
ní fhionnaim anois fád ia
ach carnán criata cnámh.

Och! anfhorlann is anuaill,
anbhroid anuais is aindlí,
fóirneart namhad is creachadh crua
d'fhág uaigneach thú mar taoi.

Do bhíos-sa féin sona seal,
faraor! do chlaochlaigh mo chló;
tháinig tóir an tsaoil im' aghaidh
níl feidhm anois orm ach brón.

D'imigh mo luail is mo lúth
radharc mo shúl agus mo threoir,
táid mo chairde is mo chlann
san gcill seo go fann ag dreo.

Atá duairceas ar mo dhriuch
tá mo chroí 'na chrotal cnó;
dá bhfóireadh orm an bás
ba dhearbh m'fháilte fána chomhair.

Seán Ó Coileáin (1754-1816)

Mise Raifteirí

Mise Raifteirí an file, lán dóchais is grá,
Le súile gan solas, le ciúnas gan crá.
Ag dul siar ar m'aistear le solas mo chroí
Fann agus tuirseach go deireadh mo shlí.
Féach anois mé, is mo chúl le balla
Ag seinm ceoil do phócaí folamh'.

Seán Ó Ceallaigh

Na Coisithe

I gcoim na hoíche cloisim iad -
Na coisithe ar siúl;
Airím iad, ní fheicim iad,
Ní fios cá mbíonn a gcuaird.

I gcoim na hoíche dorcha,
Is an uile ní 'na shuan,
Airím teacht na gcoisithe
I lár an bhaile chiúin.

An daoine iad nach sona dóibh?
Nó anamna i bpúnc
Nach aoibhinn dóibh an t-ionad san
'Na gcónaíd go buan?

I gcoim na hoíche dorcha
Is cách 'na chodladh suain,
'Sea chloisimse na coisithe
Ag teacht is ag imeacht uaim.

Liam S. Gógan (1891–1979)

Seán Ó Duibhir an Ghleanna

Ar m'éirí dhom ar maidin,
Grian an tsamhraidh ag taitneamh,
Do chuala an uaill dá casadh,
   Is ceol binn na n-éan -
Broic is míolta gearra,
Creabhair na ngoba fada,
Fuaim ag an macalla,
   Is lámhach gunnaí tréan;
An sionnach rua ar an gCarraig,
Míle liú ag marcaigh,
Is bean go dubhach sa mbealach
   Ag áireamh a cuid géann';
Anois tá an choill dá gearradh
Triallfaimid thar chaladh -
'S a Sheáin Uí Dhuibhir an Ghleanna,
   Tá tú gan géim!

'S'é sin m'uaigneas fada;
Scáth mo chluas dá ghearradh,
An ghaoth aduaidh 'om leathadh,
   Is bás ins an spéir;
Mo ghaidhrín suairc dá cheangal,
Gan cead lúith ná aistíocht',
Do bhainfeadh gruaim den leanbh
   I meán-ghile an lae;
Croí na n-uaisle ar an gCarraig
Go ceáfrach buacach beannach,
Do thiocfadh suas ar aiteann
   Go lá dheireadh an tsaoil;
'S dá bhfaighinnse suaimhneas tamall,
Ó dhaoine uaisle an bhaile,
Do thriallfainn féin ar Ghaillimh -
   Is d'fhágfainn an scléip.

Ní fois cé a chun

Fornocht do Chonac Thú

Fornocht do chonac thú,
A áille na háille,
Is do dhallas mo shúil
Ar eagla go stánfainn.

Do chualas do cheol,
A bhinne na binne,
Is do dhúnas mo chluas
Ar eagla go gclisfinn.

Do bhlaiseas do bhéal,
A mhilse na milse,
Is do chruas mo chroí
Ar eagla mo mhillte.

Do dhallas mo shúil
Is mo chluas do dhúnas,
Do chruas mo chroí
Is mo mhian do mhúchas.

Do thugas mo chúl
Ar an aisling do chumas,
Is ar an ród seo romham
M'aghaidh do thugas.

Do thugas mo ghnúis
Ar an ród seo romham,
Ar an ngníomh do chím
Is ar an mbás do gheobhad

Pádraig Mac Piarais (1879–1916)

Fáilte don Éan

Fáilte don éan is binne ar chraobh,
Labhras ar chaoin na dtor le gréin;
Damh-sa is fada tuirse an tsaoil
Nach bhfeiceann í le teacht an fhéir.

Cluinim, gidh nach bhfeicim a gné,
Guth an éin darb ainm cuach;
Amharc uirthi i mbarra géag,
Mo thuirse ghéar nach mise fuair!

Gach neach dá bhfeiceann cruth an éin,
Amharc Éireann deas is tuaidh,
Bláth na dtulach ar gach taobh,
Dóibh is aoibhinn bheith dá lua.

An t-amhrán
Mo thuirse nach bhfuaireas bua ar m'amharc d'fháil,
Go bhfeicinn ar uaigneas uaisle an duilliúir ag fás;
Cuid de mo ghruaim - ní ghluaisim chun cruinnithe le cách
Ar amharc na gcuach ar bhruach na coille go sámh.

Séamas Dall Mac Cuarta (1647-1732)

Éamann an Chnoic

Cé hé sin amuigh
A bhfuil faobhar ar a ghuth,
Ag réabadh mo dhorais dhúnta?
Mise Éamann an Chnoic
Atá báite fuar fliuch
Ó shíorshiúl sléibhte is gleannta.

A lao ghil 's a chuid,
Cad a dheannfainnse dhuit,
Mura gcuirfinn ort beinn dem' ghúna?
'S go bhfuil púdar go tiubh,
Dá shíorshéideadh leat,
'S go mbeimis araon múchta.

Is fada mise amuigh
Faoi shneachta is faoi shioc,
'S gan dánacht agam ar éinne;
Mo bhranar gan cur,
Mo sheisreach gan scor,
Is gan iad agam ar aon chor!

Níl caraid agam,
Is danaid liom san,
A ghlacfadh mé moch ná déanach;
'S go gcaitfidh mé rith
Thar farraige soir,
Ó is ann nach bhfuil mo ghaolta.

Ón mBéaloideas

Donncha Bán

Is ar an mbaile seo chonaic sibh an t-ionadh
Ar Dhonncha Bán is é dá dhaoradh;
Bhí caipín bán air in áit a hata,
Is róipín cnáibe in áit a charbhata.

Tá mé ag teacht ar feadh na hoíche
Mar bheadh uainín i measc seilbhe caorach,
Mo bhrollach foscailte is mo cheann liom scaoilte,
Is cá bhfaighinn mo dheartháirín romham ach sínte!

Chaoin mé an chéad dreas ag gob an locha,
Is an dara dreas ag bun do chroiche,
An tríú dreas ós cionn do choirpse,
I measc na nGall is mo cheann dá scoilteadh.

Dá mbeitheá agamsa san áit ar chóir dhuit,
Thíos i Sligeach nó i mBaile an Róba,
Brisfí an chroch, gearrfaí an rópa
Is ligfí Donncha Bán abhaile ar an eolas.

A Dhonncha Bháin, a dheartháirín dílis,
Is maith atá a fhios agam siúd a bhain díom thú
Ag ól an chupáin, ag deargadh an phíopa
Is ag siúl an drúchta i gcoim na hoíche.

A Mhic Uí Mhultháin, a sciúirs an mhí-áidh
Ní lao bó bradaí a bhí i mo dheartháir,
Ach buachaillín cruinndeas ar chnoc is ar chnocán
A bhainfeadh fuaim go bog binn as camán.

Is a Dhonncha Bháin, nach é sin an buaireadh
Is a fheabhas is d'iomprófá spoir agus buatais!
Chuirfinn éadach faiseanta ort, den éadach ba bhuaine,
Is chuirfinn amach thú mar mhac dhuine uasail.

A Mhic Uí Mhultháin! ná raibh do chlann mhac
              i bhfochair a chéile
Ná do chlann iníon ag iarraidh spré ort!
Tá dhá cheann an bhoird folamh, is an t-urlár líonta
Is Donncha Bán, mo dheartháirín, sínte.

Tá spré Dhonncha Bháin ag teacht abhaile
Agus ní ba, caoirigh é ná capaill,
Ach tobac is píopaí is coinnle geala,
Is ní dá mhaíomh é ar lucht a gcaite.

Ón mBéaloideas

Cill Chais

Cad a dhéanfaimid feasta gan adhmad?
Tá deireadh na gcoillte ar lár;
Níl trácht ar Chill Chais ná a teaghlach,
'S ní cluinfear a cling go brách -
An áit úd 'na gcónaíodh an dea-bhean
Fuair gradam is meidhir thar mhná;
Bhíodh iarlaí ag tarraingt thar toinn ann
Is an tAifreann binn dá rá.

Ní chluinim fuaim lachan ná gé ann,
Ná iolar ag éamh cois cuain,
Ná fiú na mbeacha chun saothair
Thabharfadh mil agus céir don slua.
Níl ceol binn milis na n-éan ann
Le hamharc an lae dul uainn,
Ná an cuaichín i mbarra na ngéag ann -
Ós í chuirfeadh an saol chun suain.

Tá ceo ag titim ar chraobha ann
Ná glanann le gréin ná lá.
Tá smúit ag titim ón spéir ann
'S a cuid uisce go léir ag trá.
Níl coll, níl cuileann, níl caor ann,
Ach clocha 'gus maolchlocháin,
Páirc na foraoise gan chraobh ann
Is d'imigh an géim chun fáin.

Anois mar bharr ar gach míghreann,
Chuaigh prionsa na nGael thar sáil,
Anonn le hainnir na míne
Fuair gradam sa Fhrainc is sa Spáinn.
Anois tá a cuallacht á caoineadh,
Gheibheadh airgead buí agus bán;
'Sí ná tógfadh seilbh na ndaoine,
Ach cara na bhfíorbhochtán.

Aicim ar Mhuire 's ar Íosa
Go dtaga sí arís chugainn slán,
Go mbeidh rincí fada ag gabháil timpeall,
Ceol veidhlín is tinte cnámh;
Go dtógtar an baile seo ár sinsear
Cill Chais bhreá arís go hard,
Is go brách nó go dtiocfaidh an díle
Ná feicfear í arís ar lár.

Ón mBéaloideas

Chlaon Mé Mo Cheann

Chlaon mé mo cheann
Ar eagla go ndearcfainn
An teach ar tógadh mé ann,
Ar eagla go bhfeicfinn
Mo mháthair sa doras
Agus í ag fanacht go himníoch liom,
Nó m'athair ag pilleadh
Tráthnóna le fonn.

Chlaon mé mo cheann
Ar eagla go scilfeadh
Gach bliain a scéal,
Ar eagla go bhfeicfinn
An strainséir sa doras
Is go ngéillfinn don racht
I mo chléibh.

Séamas Ó Néill (1910–1981)

Bean tSléibhe ag Caoineadh a Mic

Brón ar an mbás, 'sé dhubh mo chroíse,
D'fhuadaigh mo ghrá is d'fhág mé cloíte
Gan charaid gan chompánach faoi dhíon mo thíse,
Ach an léan seo im' lár, is mé ag caoineadh!

Ag gabháil an tsléibhe dhom tráthnóna
Do labhair an éanlaith liom go brónach,
Do labhair an naosc binn 's an crotach glórach
Ag faisnéis dom gur éag mo stórach.

Do ghlaoigh mé ort is do ghlór níor chualas,
Do ghlaoigh mé arís is freagra ní bhfuaireas,
Do phóg mé do bhéal, is a Dhia, nárbh fhuar é! -
Och, is fuar í do leaba sa chillín uaigneach.

'S a uaigh fhódghlas ina bhfuil mo leanbh,
A uaigh chaol bheag, ós tú a leaba,
Mo bheannacht ort, 's na mílte beannacht
Ar na fóda glasa atá os cionn mo pheata.

Brón ar an mbás, ní féidir a shéanadh,
Leagann sé úr is críon le chéile -
'S a mhaicín mhánla, is é mo chéasadh
Do cholainn chaomh bheith ag déanamh créafóig'.

Pádraig Mac Piarais (1879-1916)

Eanach Dhúin

Má fhaighimse sláinte, is fada bheas tráchtadh
Ar an méid a bádh as Eanach Dhúin;
'Sé mo thrua amárach gach athair 's máthair,
Bean is páiste 'tá ag sileadh súl.
A Rí na nGrása, a cheap Neamh is Parthas,
Nár bheag an tábhacht dúinn beirt nó triúr;
Ach lá chomh breá leis, gan gaoth ná báisteach,
Lán an bháid acu a scuabadh ar siúl!

Nár mhór an t-ionadh os comhair na ndaoine
A bhfeiscint sínte ar chúl a gcinn,
Screadadh is caoineadh a scanródh daoine,
Gruaig dá cíoradh 's an chreach dá roinn!
Bhí buachaillí óga ann, tíocht an fhómhair,
Dá síneadh ar chróchar 's á dtabhairt go cill -
'S gurbh é gléas a bpósta do bhí dhá dtórramh
'S a Dhia na Glóire, nár mhór an feall!

Ansiúd Dé hAoine chluinfeá an caoineadh
Ag teacht gach taobh, agus greadadh bos,
Is a lán thar oíche trom tuirseach cloíte
Gan ceo le déanamh acu ach a' síneadh corp.
A Dhia 's a Chríost a d'fhulaing íosbairt,
Do cheannaigh go fírinneach an bocht 's an nocht,
Go Parthas naofa go dtugair saor leat
Gach créatúr díobh dár thit faoin lot.

Baile an Chláir a bhí in aice láimhe,
Níor lig an t-ádh dhóibh a ghabháil aníos;
Bhí an bás chomh láidir nach dtugann cairde
D'aon mhac máthar dár rugadh riamh.
Mura scéal a ceapadh dhóibh an lá seo a mbáite,
A Rí na nGrása, nár bhocht an ní!
Ach a gcailleadh uile, gan loch ná sáile,
Le seanbhád gránna 's iad láimh le tír!

Milleán géar ar an ionad céanna -
Nár lasa réalt' ann 's nár éirí grian,
Do bháigh an meid úd do thriall in éineacht
Go Gaillimh ar aonach go moch Déardaoin!
Na fir a ghléasfadh cliath 'gus céachta,
Do threabhfadh bréanra 's do chraithfeadh síol
'S na mná dá réir sin do dhéanfadh gach aon rud,
Do shníomhfadh bréid agus anairt chaol.

Tolladh cléibhe 'gus loscadh sléibhe
Ar an áit ar éagadar is milleán crua,
'S a liachtaí créatúir a d'fhág sé faonlag
Ag sileadh 's ag éagaoin gach maidin Luain.
Ní díobháil eolais a chuir dá dtreoir iad
Ach mí-ádh mór ar an gCaisleán Nua;
'Sé críochnú an chomhra gur bádh mórán,
D'fhág ábhar dóláis ag Eanach Dhúin.

Antaine Ó Reachtaire (1784–1835)

AN NÁDÚR

An Aimsir

An ghaoth aduaidh bíonn sí crua,
Is cuireann sí gruaim ar dhaoine:

An ghaoth aneas bíonn sí tais,
Is cuireann sí rath ar shíolta.

An ghaoth anoir bíonn sí tirim,
Is cuireann sí sioc istoíche:

An ghaoth aniar bíonn sí fial,
Is cuireann sí iasc i líonta.

An Samhradh ag Filleadh go hÉirinn

Tá an geimhreadh caite agus greim an ghairfin
Mhilltigh, mhallaithe, réabhta;
An ghrian ag taitneamh i ndiaidh na fearthainne
Is fialacht earraigh mar aon léi;
Na mílte capall ag cíoradh garraithe,
Síol i dtalamh á thaoscadh;
An abhainn ag titim, an rabharta imithe,
Is an samhradh ag filleadh go hÉirinn.

Tá taibhse tagtha ar choillte cheana,
Na crainn ag breacadh go néata;
Na héin ag labhairt ar ghéaga glasa,
Le faobhar ag freagairt a chéile;
Mórchuid beach ag cur tuairisc meala,
Na huain ag preabadh is ag léimnigh;
Greann in ionad na dtonn a d'imigh,
Is an samhradh ag filleadh go hÉirinn.

Is seolta súgarach glór an tsrutha,
Is is gleoite ag fiuchadh go gléigeal;
Tá meidhir ag casadh gan teimheal de scamall
Ar mhuintir bheannaithe Éilge.
Grá le m'anam na bánta glasa,
Mo ghrá go dearbh na sléibhte;
Beidh greann anois sna gleannta binne,
Is an samhradh ag filleadh go hÉirinn.

Pádraig Ó Miléadha (1877-1947)

An tEarrach Thiar
──────────────

Fear ag glanadh cré
De ghimseán spáide
Sa gciúnas shéimh
I mbrothall lae:
    Binn an fhuaim
    San earrach thiar.

Fear ag caitheadh
Cliabh dhá dhroim,
Is an fheamainn dhearg
Ag lonrú
I dtaitneamh gréine
Ar dhuirling bháin.
  Niamhrach an radharc
  San earrach thiar.

Mná i locháin
In íochtar diaidh-thrá,
A gcótaí craptha,
Scáilí thíos fúthu:
  Támh-radharc síothach
  San earrach thiar.

Toll-bhuillí fanna
Ag maidí rámha,
Curach lán éisc
Ag teacht chun cladaigh
Ar ór-mhuir mhall
I ndeireadh lae;
  San arrach thiar.

Máirtín Ó Direáin (1910-1988)

Thugamar Féin an Samhradh Linn

Thugamar féin an samhradh linn!
Thugamar féin an samhradh linn!
Thugamar linn é, 's cé bhainfeadh dínn é!
'S thugamar féin an samhradh linn.

Samhradh! Samhradh! bainne na ngamhna!
Thugamar féin an samhradh linn.
Samhradh buí ó luí na gréine!
Thugamar féin an samhradh linn.
    Cuileann is coll is trom is caorthainn,
    Thugamar féin an samhradh linn,
    Is fuinseog ghléigeal bhéil an átha,
    Thugamar féin an samhradh linn.

'Sé seo an samhradh thiocfas go haerach,
Thugamar féin an samhradh linn.
Samhradh buí na nóinín gléigeal,
Thugamar féin an samhradh linn.
    Thugamar linn é ón gcoill chraobhaigh,
    Thugamar féin an samhradh linn,
    Ó bhaile go baile 's go dti n-ár dtigh féinig,
    Thugamar féin an samhradh linn.

Do bheatha, mo dheartháir! is fada nach bhfaca é!
Thugamar féin an samhradh linn,
Nó mo bhean phósta, ós í is giorra dhom!
Thugamar féin an samhradh linn.

Suíodh sí síos ar chathaoir airgid!
Thugamar féin an samhradh linn,
Nó ar chathaoir órga, más í sin is fearra léi!
Thugamar féin an samhradh linn.

Bábóg na Bealtaine, maighdean an tsamhraidh,
Thugamar féin an samhradh linn;
Cailíní maiseacha bán-gheala gléasta,
'S thugamar féin an samhradh linn.

Samhradh! Samhradh! bainne na ngamhna!
Thugamar féin an samhradh linn;
Samhradh! Samhradh! bainne na ngamhna!
Thugamar féin an samhradh linn.

Ní fios cé a chum

Duilleoga ar an Life

Duilleoga ar snámh,
Donn, geal is rua,
Ar abhainn na Life
Ag seoladh le sruth.

Spréigh siad brat glas
Ar bharra na gcrann,
Ar fuaid cuibhreann is coillte,
I bhfad, i bhfad ó shin ann.

Duilleoga ar snámh,
Lá ceoch fómhair,
Ag iompar na háilleachta
Trí shráideanna dobhair.

Séamas Ó Néill (1910–1981)

Ba Ghnách Mé ag Siúl

Ba ghnách mé ag siúl le ciumhais na habhann,
Ar bháinseach úr is an drúcht go trom,
In aice na gcoillte i gcoim an tsléibh',
Gan mhairg gan mhoill ar shoilse an lae.
Do ghealadh mo chroí nuair chínn Loch Gréine,
An talamh, an tír, is íor na spéire.
Ba thaitneamhach aoibhinn suíomh na sléibhte
Ag bagairt a gcinn thar dhroim a chéile.
Ghealfadh an croí bheadh críon le cianta -
Caite gan bhrí no líonta 'e phianta -
An séithleach searbh gan sealbh gan saibhreas
D'fhéachfadh tamall thar bharra na gcoillte
Ar lachain ina scuain ar chuan gan cheo,
An eala ar a bhfuaid is í ag gluaiseacht leo.
Na héisc le meidhir ag éirí in airde,
Péirse im' radharc go taibhseach tarrbhreac.
Dath an locha is gorm na dtonn
Ag teacht go tolgach torannach trom.
Bhíodh éanlaith i gcrainn go meidhreach mómhar,
Léimneach eilte i gcoillte im' chógar,
Géimneach adharc is radharc ar shlóite,
Tréanrith gadhar is Reynard rompu.

Brian Merriman (1745–1805)

DEORAÍOCHT

Bánchnoic Éireann Óighe

Beir beannacht óm' chroí go tír na hÉireann,
Bánchnoic Éireann Óighe,
Chun a maireann de shíolrach Ír is Éibhir
Ar bhánchnoic Éireann Óighe.
An áit úd inarbh aoibhinn binnghuth éan
Mar shámhchruit chaoin ag caoineadh Gael,
'Sé mo chás bheith míle míle i gcéin
Ó bhánchnoic Éireann Óighe.

Bíonn barra bog slím ar chaoinchnoic Éireann,
Bánchnoic Éireann Óighe,
Is fearr ná an tír seo díth gach sléibhe ann,
Ar bhánchnoic Éireann Óighe.
Is ard a coillte is is díreach réidh,
Is an bláth mar aol ar mhaoileann géag.
Tá grá im' chroí is i m'intinn féin
Do bhánchnoic Éireann Óighe.

Ní fheicim a gcóraid ag gabháil san taobh seo,
Bánchnoic Éireann Óighe,
Ní fheicim a mbólacht dá threor chun féir ann,
Bánchnoic Éireann Óighe,
Ach barca dá seoladh le foirneart gaoth,
Is farraigí móra go deo lena dtaobh.
Go bhfeictear fós mé im' chúige féin -
Ar bhánchnoic Éireann Óighe!

Tá gasra líonmhar i dtír na hÉireann,
Bánchnoic Éireann Óighe,
De fhearachoin groí ná cloífeadh céadta,
Ar bhánchnoic Éireann Óighe.
M'atuirse chroí! mo chaoineadh géar!
Iad ag Gallphoic síos fé ghreim, mo léan!
Is a mbailte dá ríomh fé chíos go daor
Ar bhánchnoic Éireann Óighe.

Is fairsing 's is mór iad cruacha Éireann,
Bánchnoic Éireann Óighe!
A cuid meala 'gus uachtair ag gluaiseacht ina slaoda
Ar bhánchnoic Éireann Óighe;
Rachaidh mé ar cuairt, nó is luath mo shaol,
Don talamh bheag shuairc is dual do Ghaeil,
Is gur fearr liom ná duais dá uaisleacht é
Bheith ar bhánchnoic Éireann Óighe.

Scaiptear an drúcht ar gheamhar is ar féar ann
Ar bhánchnoic Éireann Óighe,
Is tagaid ann úlla cumhra ar ghéaga
Ar bhánchnoic Éireann Óighe.
Biolar is samhadh i ngleannta ceo
Is na srutha sa samhradh ag labhairt um neoin.
Bíonn maise gheal is clú i gcúileann óg
Ar bhánchnoic Éireann Óighe.

Is oscailte fáilteach an áit sin Éire,
Bánchnoic Éireann Óighe,
Bíonn toradh na sláinte i mbarr na déise
Ar bhánchnoic Éireann Óighe.
Ba bhinne ná méara ar théada ceoil
Seinm 'gus géimneach a lao is a mbó.
Taitneamh na gréine orthu, aosta is óg
Ar bhánchnoic Éireann Óighe!

Donncha Rua Mac Conmara (1715-1810)

Slán le Máighe

Slán is céad ón dtaobh seo uaim
Cois Máigh' na gcaor, na gcraobh, na gcruach,
Na stát, na séad, na saor, na slua,
Na ndán, na ndréacht, na dtréan gan ghruaim.

Uch uchón, is breoite mise,
Gan chuid, gan chóir, gan chóip, gan chiste,
Gan sult, gan seod, gan spórt, gan spionnadh
Ó seoladh mé chun uaignis.

Slán go héag dá saorfhir shuairc,
Dá dáimh, dá cléir, dá héigs', dá slua,
Dom' chairde cléibh gan chlaon, gan chluain,
Gan cháim, gan chaon, gan chraos, gan chruas.

Is fánach faon mé, is fraochmhar fuar,
Is támhlag tréith 's is taomach trua,
I mbarr an tsléibhe gan aon, monuar,
Im' phairt, ach fraoch is gaoth aduaidh.

Aindrias Mac Craith (1708-c.1795)

Maidin i mBéarra

Is é mo chaoi gan mise maidin aerach
Amuigh i mBéarra im' sheasamh ar an trá,
Is guth na n-éan 'om' tharraing thar na sléibhte cois na
     farraige
Go Céim an Aitinn mar a mbíonn mo ghrá.
Is obann aoibhinn aiteasach do léimfinn,
Do righfinn saor ó ana-bhroid an tláis,
Do thabharfainn droim le scamallaibh an tsaoil seo,
Dá bhfaighinn mo léirdhóthain d'amharc ar mo
     chaoimhshearc bhán.

Is é mo dhíth bheith ceangailte go faonlag,
Is neart mo chléibh á thachtadh anseo sa tsráid,
An fhaid tá réim na habhann agus gaoth ghlan na farraige
Ag glaoch is ag gairm ar an gcroí seo im' lár.
Is milis bríomhar leathanbhog an t-aer ann,
Is gile ón ngréin go fairsing ar an mbán
Is ochón, a rí-bhean bhanúil na gcraobhfholt,
Gan sinn-ne araon i measc an aitinn mar do bhímis tráth!

Osborn Ó hAimheirgin (1872-1950)

Pé in Éirinn Í

I ngleannta séimh na héigse bhím,
I bhfanntais péin i ngéibh gach laoi;
An tseanbhean ghlé ba bhéasach gnaoi
Do scanraigh mé, pé in Éirinn í,
   Pé in Éirinn í!

Ní thráchtfaidh mé ar chéile Naois'
Thug ár na nGael ar dteacht don Chraobh,
Ná ar bháb ón nGréig do chéas an Traoi,
Le grá mo chléibh, pé in Éirinn í,
   Pé in Éirinn í!

Is breá deas dréimreach réidh a dlaoi
Go barr an fhéir ina slaod ar bís;
A tláthfholt réidh do dhealramh an Flís
Ar ghrá mo chléibh, pé in Éirinn í,
   Pé in Éirinn í!

Liam Dall Ó hIfearnáin (1720-1803)

Contae Mhaigh Eo

Ar an long seo Pháid Uí Loingsigh do ním-se an dobrón
Ag osnaíl ins an oíche 's ag síorghol sa ló;
Muna mbeadh gur dalladh m'intleacht
'S mé i bhfad óm' mhuintir,
Dar a maireann, is maith a chaoinfinnse Contae Mhaigh Eo.

An uair a mhair mo chairde ba bhreá mo chuid óir,
D'ólainn fíon Spáinneach i gcomhluadar ban óg;
Muna mbeadh síoról na gcárta
'S an dlí a bheith róláidir
Ní i Santa Cruz d'fhágfainn mo chnámha faoin bhfód.

Tá gadaithe na háite seo ag éirí rómhór
Fá chnotaí 's fá *hair-bag*, gan trácht ar bhúclaí bróg;
Dá maireadh damhsa in Iar-Umhall
Do dhéanfainn díofa cianach
Muna mbeadh gur thagair Dia dhom
                          a bheith i gcianta faoi bhrón.

Dá mbeadh Pádraig Lochlainn in' iarla ar Iar-Umhall go fóill,
Brian Dubh, a chliamhain, 'na thiarna ar Dhumhach Mhór,
Aodh Dubh Mac Riada
Ina choirnéal i gCliara,
Is ansin a bheadh mo thriallsa go Contae Mhaigh Eo.

Tomás Ó Flannaíle (1846-1916)

Cill Aodáin

Anois teacht an earraigh beidh an lá 'dul 'un síneadh,
'S tar éis na Féil' Bríde ardóidh mé mo sheol;
Ó chuir mé 'mo cheann é ní chónóidh mé choíche
Go seasfaidh mé síos i lár Chontae Mhaigh Eo.
I gClár Chlainne Mhuiris a bheas mé an chéad oíche,
'S i mBalla taobh thíos de thosós mé ag ól;
Go Coillte Mach rachad go ndéanad cuairt mhíosa ann,
I bhfogas dhá mhíle do Bhéal an Áth' Móir.

Fágaim le huacht é go n-éiríonn mo chroíse,
Mar éiríos an ghaoth nó mar scaipeas an ceo,
Nuair smaoiním ar Cheara nó ar Ghaileang taobh thíos de,
Ar Sceathach a' Mhíle 's ar phlánaí Mhaigh Eo;
Cill Aodáin an baile a bhfásann gach ní ann -
Tá sméara 's sú craobh ann is meas ar gach sórt;
'S dá mbeinnse 'mo sheasamh i gceartlár mo dhaoine,
D'imeodh an aois díom is bheinn arís óg.

Antaine Ó Reachtaire (1784-1835)

Ceol Loch Aoidh

Seanfhocal a chuala mé is chreidfeas mé i gcónaí,
Gach aon ariamh mar oiltear é
          's an fhuiseog ins an mhónaidh;
Cibé tír a rachaidh mise nó a mbeidh mé ann 'mo chónaí,
Beidh mo chroí ag bruach Loch Aoidh 'stigh
          i lár na sléibhte móra.

Tá dhá oileán ar an loch bheag seo
          chomh deas is tá in Éirinn,
Tá an lon 's an ghé is nead acu
          faoi thom-bhláth ghorm fraochlaigh;
Go mb'fhearr liom a bheith 'g iascaireacht
          breac geal uirthi sa tséasúr,
Ná bheith 'gcaisleán thall i Sasain
          ag na huaisle uilig ar féasta.

Ón chnoc ard ghlas taobh thall den loch
          tá 'n t-amharc aoibhinn álainn,
Na loingis ag teacht ar farraige ó
          Dhoire 'steach go Málainn;
Ag siúl ansin ab aite liom ó mhaidin go dtí'n oíche,
'S nach smaointeofá ar an pheaca
          leis na huain bheag' óga ag aoibheall.

Ar an taobh abhus tá an míodún glas
        ón uisce go dtí an bóthar,
Tá fás gach uile shóirt ansin is tithe deasa cónaí;
Seinneann an chuach i dtús an tsamhraidh ann
        ó mhaidin go tráthnóna,
Tá an eala 'gus an fhaoile ann, an lon dubh 's an chorr mhóna.

'S iomaí maidin shamraidh a d'éirigh mé i m'óige,
Ag éisteacht leis na héanacha
        ag déanamh a gcuid ceoil bhinn;
Iad ag dul ó thom go tom ag eiteallaigh go ceolmhar,
'S a nguth lán-bhinn ag teacht faoi dhuiliúr
        ghlas 'sna crannaí óga.

Is iomaí lá breá fada a chaith mé ansin ar bheagán buartha,
'S is iomaí lá breá fada a chaith mé
        ansin ag déanamh uabhair;
Ag seoladh na mbó mbreac amach
        thríd ghleanntán deas na luachra,
I ndéidh a bheith ins an loch le teas
        na gréine 'g iarraidh fuaraidh.

Seo an áit ar oil mo mhuintir mé
        nuair bhí mé beag tréith-lag;
Seo an áit ar cuireadh a chodladh mé
        le ceoltaí binn' na Gaeilge;
Seo an áit a mbím anois i bhfad ar shiúl ag déanamh uaignis,
Ag smaointiú ar mo bhunadh 'tá
        'na gcodladh ins an uaigh ghlais.

Sinéad Nic Mhaongail (1860-1915)

Bóithre Bána

Is fada uaim na bóithre,
Na bóithre fada, bán faoin ngréin,
Siar thar choim na má móire
Go leisciúil leadránach ar strae.

In uaigneas caoin mo chuimhne
Cloisim naosc go géar gearr garbh
Amuigh i gciúnas na riasca
Ag buaireamh bhrionglóidí na marbh.

Asal dubh go smaointeach
Ag comhaireamh gach coiscéim dá shlí,
Cailín ard le cosa ríona
Ag tarraingt uisce i mbuicéidín.

Sráidbhaile ina chodladh
An deatach ina línte réidh,
Foscadh úr thar fráma dorais
Is cumhracht dí i mbrothall lae.

Siar arís an bóthar,
Ór á leá i mbarra géag
Meisce mhilis an tráthnóna
Is an saol faoi dhraíocht ag dán an éin.

Uch, is fada uaim na bóithre,
Na bóithre atá bán faoin ngréin,
Is ó ghleo na cathrach móire
Éalaíonn mo chuimhne leo ar strae.

Eoghan Ó Tuairisc (1919-1982)

ILCHINEÁLACH

Cad É Sin don Té Sin?

Chuaigh mé chun aonaigh is dhíol mé mo bhó
Ar chúig phunta airgid is ar ghiní bhuí óir;
Má ólaim an t-airgead is má bhronnaim an t-ór,
Ó, cad é sin don té sin nach mbaineann sin dó?

Má théim go coill chraobhach, 'cruinniú sméara nó cnó,
A bhaint úlla de ghéaga nó a bhuachailleacht bó;
Má shínim seal uaire faoi chrann ag déanamh só
Ó, cad é sin don té sin nach mbaineann sin dó?

Má théimse chuig airneál is rince is spórt,
Chuig aonach is rásaí is gach cruinniú den sórt;
Má chím daoine súgach is ma bhím súgach leo,
Ó, cad é sin don té sin nach mbaineann sin dó?

Deir daoine go bhfuil mé gan rath is gan dóigh,
Gan earra ná éadáil, gan bólacht ná stór;
Má tá mise sásta 'mo chónaí i gcró,
Ó, cad é sin don té sin nach mbaineann sin dó?

Ón mdéaloideas

Eoghan Cóir

Nach é seo an scéal deacrach sa tír seo,
in anacair chroí agus bróin,
ó fhagas sé Creagán an Líne
go dté sé go dtí an Fál Mór.
A leithéid de screadadh 's de chaoineadh
níor cluineadh sa tír seo fós,
cé nach bhfuil againn aon ionadh,
ó cailleadh, faraor! Eoghan Cóir.

Bhí gnaoi agus gean ag gach n-aon air,
an seanduine críon 's an t-óg,
bhí an saibhir 's an daibhir i ngrá leis
mar gheall ar a chroí maith mór;
le togha agus rogha na tíre
do chaitheadh sé píosaí óir
is le daoine bocht' eile níor spíd leis
buidéal ón síbín d'ól.

Tá Antaine Ó Gabháin ag caoineadh
's ní bheidh Seán Ó Baoill i bhfad beo,
ó cailleadh a gcaraid sa tír seo
'sé d'fhága a gcroí faoi bhrón;
in anacair chatha níor síneadh,
'sé mheasaim, faoi liag ná fhód
aon neach ba mheasa don dís seo
ná an duine bocht maol Eoghan Cóir.

Ba ró-mhaith ag tógáil an chíos' é
ba bheag aige mí nó dhó
go ndíoltaí an bhó ar an aonach
nó an giota do bhíodh sa seol.
'Sé dúirt Séamas Pheadair Mhic Riabhaigh,
is é ag agairt ar Rí na nDeor -
de réir mar bhí seisean le daoine
gurb amhlaidh bheas Críosta dhó.

Aon agus seacht insa líne
agus ocht do chur síos faoi dhó
tráth ghlac seisean cead lena dhaoine,
agus níor labhair sé gíog níos mó.
Tá sé go dearfa scríofa
gur talamh is críoch gach beo
is chomh fada is bheimid sa saol seo
cá miste dhúinn braon beag d'ól.

Riocard Bairéid (c.1740-1819)

An tOllamh Úr

D'imigh an t-iasc a bhí sa Bhóinn
a dhéanamh fómhair go Dún na nGall
tráth chuala siad Aodh Mac Dónaill
bheith ag ceartú ceoil 'gus ag cumadh rann.

Thiompaigh an eala ar dhath an ghuail,
agus an mada rua 'na ghréasaí bróg,
thriomaigh an mhíoltóg Eas Aodha Rua
le neart a lúcháire fá ollamh an cheoil.

Scuab an dreoilín leis 'na bhéal
Caisleán Séain go Baile an Mhaoir,
agus chuir sé an seilide leis na scéala
ó Chuan Bhinn Éadair go Cill an Chaoil.

Séideadh feadóg i dtigh Port Láirge
'gus d'imigh Ard Mhacha go Caiseal Mumhan,
d'imigh Ceanannas go Contae an Chláir,
agus Cnoc an Bhráthara go Lios an Phúc'.

D'imigh Teamhair go sléibhte Chairlinn
agus móta Ghránaird go Doire Núis,
agus Cuan na Mara go Baile Uí Bhragáin
'cur iomad fáilte don ollamh úr.

Art Beanaid (c.1820–c.1860)

An Déirc

Curfá:
Ólaim puins is ólaim tae
'S an lá 'na dhiaidh sin ólaim toddy;
Ní bhím ar meisc' ach uair sa ré -
Mo ghrá-sa 'n déirc is an té do cheap í.

Lá má bhím le híota tréith
Bím an lá 'na dhiaidh ag glaoch na gcannaí;
Lá le fíon 's arís gan braon,
Mo ghrá-sa 'n deirc is an té do cheap í.

Ar mo thíocht 'na luí ar thréad -
An bhuí sa bhféith 's na héimhe ag leanaí,
Báisteach fhill is rinn ar ghaoth -
Ó táim le déirc ní baol dom' gharraí.

Is sámh do bhím im' luí le gréin
Gan suim sa saol ach scléip is staraíocht,
Gan cháin gan chíos ach m'intinn saor -
Nach fearr í an déirc ná ceird is ealaí.

Maíonn gach n-aon a shlí sa saol,
Maíonn an chléir is maíonn an ceannaí,
Maíonn na mílte a maoin 's a réim;
Maímse an déirc, 'sí an cheird is fearr í.

Pádraig Ó Buirn (ó lámhscríbhinní)

Preab san Ól

Is iomai slí sin do bhíos ag daoine
Ag cruinniú píosaí 's ag déanamh stóir,
'S a laghad a smaoiníos ar ghiorra 'n tsaoil seo
'S go mbeidh siad sínte faoi leac go fóill.
Más tiarna tíre, diúc nó rí thú,
Ní rachaidh pingin leat ag dul faoin bhfód,
Mar sin, 's dá bhrí sin, níl beart níos críonna
Ná bheith go síoraí ag cur preab san ól.

An long ar sáile níl cuan ná cearda
Nach gcaithfeadh cairde fud an domhain mhóir,
Ó ríocht na Spáinne 'gus suas Gibraltar,
'Gus insan áit a mbíonn an Grand Seigneur,
Le gach *cargo* ag líonadh málaí
Ní choinneodh an bás uaidh uair ná ló,
Mar sin, a chairde, níl beart níos fearr dúinn
Ná bheith mar táimid, ag cur preab san ól.

Riocard Bairéid (1740-1819)

An Bonnán Buí

A bhonnáin bhuí, 'sé mo léan do luí
Is do chnámha sínte tar éis do ghrinn,
Is ní heaspa bídh, ach díobháil dí
A d'fhág in do luí thú ar chúl do chinn.
Is measa liom féin ná scrios na Traoi
Tú bheith id' luí ar leaca lom' -
Is nach ndearn' tú díth ná dola sa tír,
'S nárbh fhearr leat fíon ná uisce poll.

A bhonnáin álainn, 'sé mo mhíle crá thú,
Do chúl ar lár amuigh romham sa tslí;
'S gurb iomaí lá a chluininn do ghrág
Ar an láib is tú ag ól na dí.
'Sé an ní deir cách le do dheartháir Cathal
Go bhfaighe sé bás mar siúd más fíor;
Ach ní hamhlaidh atá, siúd an préachán breá
Chuaigh in éag ar ball le díth na dí.

A bhonnáin óig, 'sé mo mhíle brón
Tú bheith sínte fuar i measc na dtom,
'S na lucha móra ag triall ar do thórraimh
A dhéanamh spóirt agus pléisiúir ann;
Is da gcuirtheá scéala fá mo dhéinse,
Go raibh tú i ngéibheann nó i mbroid gan bhrí,
Do bhrisfinn béim duit ar an loch san Bhéasaigh
A fhliuchadh do bhéal is do chorp istigh.

Ní hiad bhur n-éanlaith atá mé ag éagnach,
An lon, an smólach, nó an chorr ghlas;
Ach mo bhonnán buí, atá lán don chroí,
Is gur cosúil liom féin í i nós 's i ndath.
Bhíodh sí go síoraí ag ól na dí,
Is deirtear go mbímse mar sin seal;
Níl deor dá bhfaighinn nach ligfinn síos,
Ar eagla go bhfaighinnse bás den tart.

'Sé d'iarr mo stór orm ligint don ól,
Nó nach mbeinnse beo ach seal beag gearr,
Ach dúirt mé léi go dtug sí an bhréag -
Gurbh fhaide mo shaolsa an deoch úd d'fháil.
Nach bhfeiceann sibh éan an phíobáin réidh
A chuaigh in éag don tart ar ball -
Is a chomharsa chléibh, ó fliuchaigí bhur mbéal,
Óir ni bhfaighidh sibh braon i ndiaidh bhur mbáis.

Cathal Buí Mac Giolla Ghunna (c. 1690-1756)

Subh Mhilis

Bhí subh mhilis
Ar bhoschrann an dorais,
Ach mhúch mé an corraí
Ionam a d'éirigh,

Mar smaoinigh mé ar an lá
A bheas an bhoschrann glan,
Agus an lámh bheag
Ar iarraidh.

Séamas Ó Néill (1910-1981)

Clár de Chéad Línte